Poèmes

&

Défis

Poèmes & Défis

Sonnets
Poésie libre
Haïku & Tanka

Le mot sur Lucie Hallouin

Lucie est une amatrice passionnée de peinture. Quelques-unes de ses œuvres, dans le pur style coloriste, jalonnent cet ouvrage en lui apportant une couleur et une saveur particulières.

A la limite de l'abstrait et du figuratif, ses tableaux, en jouant sur les symboles, vous permettent de donner libre cours à votre imagination. Les effets de lumière influent sur les couleurs pour donner vie à ses peintures selon la sensibilité de l'instant.

Vous ne saurez plus si vous aimez ce livre pour ses écrits ou ses peintures. Peu importe, l'essentiel est de le parcourir avec plaisir.

Préface
de Brigitte Villesuzanne

Écrire sur le net, écrire sur du vent en quelque sorte, peut donner des ailes à notre plume, mais à voir ainsi s'envoler nos mots, se disperser nos œuvres, sans laisser de traces, il nous vient l'envie de les épingler sur le papier, de les rassembler pour mieux les offrir aux regards.

Des sonnets, art exigeant à la grâce quelque peu oubliée, des haïkus et des tankas, ces bonsaïs de la poésie d'une rigoureuse simplicité, de la poésie libre où s'expriment sentiments et réflexions, voici ce que nous propose l'auteur, avec sa générosité et beaucoup d'humour, avec en prime, ses réponses à d'amusants défis littéraires.

Entrons dans le jardin de Marcel, si joliment illustré, pour une belle promenade de lectures...

Poèmes

Sonnets

Duel

Aucune invitation mais tu es toujours là !
La vie de tous les jours est devenue si dure
Que même à notre amour tu professes l'injure
Qu'aucune compassion nous tirera de là.

Par toutes les étapes avant l'acceptation :
Nier la vérité, passer par la colère,
La culpabilité, mettre un genou à terre.
Un travail de sape pour une dépression !

Te regarder en face et ainsi t'affronter
En mettant tout en œuvre et sauver sa santé.
Le retentissement sera très violent !

Regarde bien et doute ignoble maladie
Car ce soutien naissant et cet amour ardent,
Nous aideront sans doute à gagner la partie !

Passion

Non, elle n'est pas pour moi ; je suis bien à l'abri !
Ce ressenti humain vraiment le plus intense,
Réussira demain en un plaisir immense
À imposer sa loi et marquer les esprits.

Ce puissant élixir, implacable addiction,
Au pouvoir transcendant qui bien souvent torture,
Distille ses présents mais grave sa morsure.
L'amour en devenir, proches palpitations !

Toute séparation est "mission impossible"
Dans cette relation devenue si sensible,
Une grande entropie envahit les amants.

Les troubles du sommeil et la boule d'angoisse
Pompent leur énergie, les anéantissant...
Très dur est le réveil quand alors ils se froissent !

Attente

Ma montre je regarde et la crainte est bien là
Le temps semble figé comme l'incertitude
L'inaction infligée renforce l'inquiétude
L'ennui monte la garde et toi tu n'es pas là !

L'impatience apparaît et la colère aussi
Ce retard inquiétant devient insupportable
En y réfléchissant c'était inévitable
Le désir disparaît tout est lenteur ici

Un bruit et je pense que c'est toi qui arrives
Exalté, je danse mais c'est moi qui dérive
J'y ai bien trop songé, j'aurais dû m'en douter

Au loin, je devine ta silhouette sombre,
Et ton parfum léger qu'il est bon de goûter !
Enfin se dessine la lueur de ton ombre...

Oui, j'ai bien changé !

Pour être des vôtres, fallait tout accepter,
Ne plus être soi-même et entrer dans le moule.
Fallait-il que je t'aime à en perdre la boule,
Pour devenir un autre, changer d'identité.

Comme il est douloureux de voir s'évanouir
L'aventure intime qu'on ne revivra plus !
Celle qui fut sublime, mais on ne s'aime plus.
On reste malheureux face à nos souvenirs...

On a tout essayé, ce n'est pas une fable.
On doit se séparer. Oui, c'est inévitable !
Nous garderons en tête une histoire toujours.

Il faut dès à présent penser à l'avenir,
Avoir le cœur en fête et retrouver l'amour.
Pour toi, il est présent, le mien est à venir !

Injustice cruelle

Contre toute injustice, toujours en rébellion.
Quand déjà révolté sur les bancs de l'école
Mon costume enfilé, quelques heures de colle
De mon institutrice, tombait la punition !

À l'adolescence, place à l'indignation.
Contre inégalité sans cesse en résistance
Toujours mobilisé en toutes circonstances
Mon omniprésence jouait ma partition !

En prenant de l'âge, fallait tourner la page
Comme un mauvais présage un énorme nuage
Posté en embuscade assombrit l'horizon !

Conforme à une vengeance, un innocent en lice
Reçut l'estocade sans aucune raison.
Sous les coups, j'avance pour vaincre l'injustice !

Incompris

Agir naïvement quel qu'en soit le projet
Et bâtir sans cesse des châteaux en Espagne
Là où le bât blesse car jamais on ne gagne.
Avoir candidement l'illusion du succès !

Maçonner son rêve pour qu'il tienne la route.
Consacrer tout son temps à peaufiner son œuvre
Et sentir constamment qu'on est loin du chef-d'œuvre.
Tout effort, sans trêve, se termine en déroute !

Sur ce grand désespoir, faut-il lever le voile
Puis en partie revoir le dessein sur la toile
Pour être au diapason et bannir l'incompris ?

L'avenir méconnu, bel espoir mirifique.
Tout remettre en question et fuir les chemins pris
Pour fouiller l'inconnu, ce monde chimérique !

Solitude

Personne autour de nous et se sentir bien seul…
Ne plus trouver l'amour, sentiment de tristesse.
Isolé pour toujours car tout refus nous blesse.
Faire n'importe quoi pour se sentir moins seul.

Se jeter dans les bras du premier inconnu
Et créer des conflits, ça en devient risible !
Cet amour accompli, tout lien est impossible.
Même dans de beaux draps, on se sent vraiment nu.

Ne plus être victime alors soyons coupable !
Ne plus payer la dîme en plaisir à l'amiable.
Enfin accompagné sans les complications

Apprenons ensemble l'art de la solitude.
Toutes festivités, aucune concession !
Que nos vies s'assemblent en toute plénitude !

Dur combat

Aucune invitation mais tu es toujours là !
La vie de tous les jours est devenue si dure
Que même à notre amour tu professes l'injure
Qu'aucune compassion nous tirera de là.

Par toutes les étapes avant l'acceptation :
Nier la vérité, passer par la colère,
La culpabilité, mettre un genou à terre.
Un travail de sape pour une dépression !

Te regarder en face et ainsi t'affronter
En mettant tout en œuvre et sauver sa santé.
Le retentissement sera très violent !

Regarde bien et doute ignoble maladie
Car ce soutien naissant et cet amour ardent,
Nous aideront sans doute à gagner la partie !

À ma fille

Oui, savoir d'où l'on vient pour savoir où l'on va !
Belle initiative, Marie, cette recherche.
Jamais n'est tardive l'image que tu cherches
Pour transmettre à tes filles cette culture-là !

Éclaircir ce silence et libérer les mots.
Trouver celle qui t'a fait cadeau de la vie.
Renouer le fil qui à elle, te relie...
Être soi pour être bien, s'affranchir des maux !

Appréciée dans la vie, consciente d'être aimée,
Tous tes amis conquis, famille mobilisée
Pour cette belle cause, un échange génial !

Tu montres qu'être mère est pour toi un mérite.
Qu'elle soit professionnelle ou alors sociale,
Tu peux être fière de cette réussite !

Belle récompense !

Oui, savoir d'où l'on vient pour savoir où l'on va !
Tous tes efforts sont bel et bien récompensés.
Les gens autour de toi se sont mobilisés
Quelle belle initiative, Marie, tu as prise là

Tu as bien pris conscience avec cette démarche
Qu'autour de toi, amis, famille, tous t'aimaient
Tu ne récoltes que ce que tu as semé
Des le début des pistes ont régulé ta marche

Très vite une conviction, promesse du lendemain
Une ribambelle de frangines et frangins
Progressivement, ils affluaient de partout

Car logiquement cette richesse c'est toi !
Ils ont pris conscience de ta valeur, c'est tout !
Oui, tu le mérites ! Je suis heureux pour toi !

Vous avez quatre heures !

La notion du bonheur, je n'en sais fichtre rien !
En sujet "bac philo", je rends ma feuille vierge.
Bon moment, cet ego, vous laisse sur la berge...
On l'oppose au malheur, pour espérer le sien !

Ne gâchons pas l'instant sans pour ça se cacher.
Hâtons-nous de vivre ce moment de délice !
Et faisons qu'il délivre alors cette justice.
Un tout petit moment pour enfin se lâcher !

Rester toujours sérieux, on demeure malade !
Ensemble, tous, on veut la franche rigolade.
Seul remède efficace à prendre assurément !

Tout est dans le moral qui nous squatte la tête...
La solution passe par là, absolument.
À toute action du mal, répondons par la fête !

Tendres moments

Dès les tout premiers jours, elle est déjà présente.
Si frêle dans les bras qu'un léger souffle blesse,
Elle demande tout bas une douce caresse.
Bienveillante toujours, redoutant d'être absente...

Un regard, une voix, la main en réconfort.
Tendre sécurité teintée de tolérance,
Sa sensibilité irrigue notre enfance.
Avec l'âge elle se voit perdant tout son confort.

Grosse turbulence due à l'adolescence,
Niant son existence et provoquant l'absence.
Altérant l'affection, la chassant un instant.

En sommeil un moment, elle conquiert l'envie
De goûter l'émotion de nos aînés aimant,
D'offrir à nos enfants, le cycle de la vie !

Poésie libre

Le feu du ciel

Mais où es-tu passée divine compassion ?
Comment ne pas douter, te remettre en question
Quand muet, tu les vois, frêles embarcations,
Sombrer injustement dans la désolation ?

Dis-moi comment peut-on vivre encore en souffrant ?
Comment ? Pourquoi ? Voyons ! Mais qu'est-ce qu'il te prend
De laisser, sans pitié, mourir ces braves gens,
D'abandonner ainsi, sans regret tes enfants ?

Mais réveille-toi donc, mais pourquoi tu te tais ?
Sont-ils coupables d'imaginaires méfaits ?
Peut-on vraiment penser que pour de faux excès
Ton indifférence les condamne à jamais ?

Dure est leur punition, mais quelle en est la cause ?
Si par bonheur pour eux, un jour alors tu oses
Les écouter enfin, vas-y, fais quelque chose !
Tu le peux ? Tu le veux ? Allez, appuie sur pause !

Été

Elle est là, face à moi, sublime et fragile,
Courbes voluptueuses offertes à mon regard.
Les vagues s'apaisent comme domptées
Par tant de beauté innocemment exhibée !
L'aborder me semble impossible
Quand son sourire, telle une invitation,
Me précipite vers elle avec passion !
Le soleil s'estompe sur le sable asséché...
Nos êtres se mêlent... La plage se froisse !
De doux rouleaux dévorent la grève avec envie.
Je ressens ce flux et ce reflux...
Un cri de joie trouble l'horizon admiratif et honteux !
Le temps file...
Volutes d'écume se ruant sur l'immensité.
Nous n'avons pas compté les marées
Et déjà la pénombre orangée lentement prend place.
Le sommeil a vaincu nos corps enlacés...
À mon réveil, seule la lune luit.
Envolé mon rêve éternel, jamais réalité.
Mais à chaque coucher du soleil,

Ma pensée s'illumine !

Avoir été

Je reviens pour la dernière fois sur cette plage de rêve
Où chaque soir, je venais longuement me ressourcer.
Je te cherche, je t'appelle pour un dernier au revoir
Mais il ne reste plus que cette mer agitée par la colère
Qui se déchaîne sous les assauts d'un vent dépité,
Triste, le soleil se voile, le ciel est larmoyant.
Assis, je scrute l'horizon qui n'existe plus !
Oublier ce théâtre où mes pensées ont vagabondé
Pour se perdre dans les doux méandres du désir...
Chaque instant passé ne fut que pur bonheur !
Mes sentiments, à présent, il me faut les museler.
Le temps se rétrécit comme une peau de chagrin
Pour rentrer dans des cases et y séjourner toute une année !
Il me faut revenir à la réalité désormais :
Trier, ranger, nettoyer et faire mes bagages.
Tout doit rentrer dans l'ordre avant de retrouver
Le stress d'un quotidien où tout va très vite... trop vite !

Portrait

Devant ce sublime tableau, je m'arrête désormais...
Combien de fois, honteux, ai-je baissé la tête
Pour ne pas croiser ton regard qui m'invitait ?
Longtemps, j'ai redouté ces moments de faiblesse ;
Contenir ces émotions qui me submergeaient
devenait une épreuve douloureuse, une prouesse !
Mais je suis un homme et un homme ne pleure pas !

Pourquoi avoir développé cette carapace qui me bloquait ?
Sensibilité ou attachement ? Je n'ai jamais su !
Quand mes gestes étaient maladroits,
tu as su me nourrir de douceur et de délicatesse.
Tu as senti, dans mon regard et ma voix,
cette envie insoupçonnée d'aller vers l'autre
Et avec tact, tu me l'as révélée.

Par respect, je n'osais te toucher ;
Là aussi, tu m'as attiré et doucement j'ai tenté...
Dans tes bras, tout sentiment négatif disparaissait.
Chaleur, affection, bienveillance m'envahissaient !..
Sur mes lèvres, en douceur, ton doigt, s'est posé
Pour m'apprendre l'écoute des silences,
L'intonation de la voix et la douceur des mots.

À la vulnérabilité, longtemps je t'ai associée.
En me laissant aller, en m'abandonnant
Sans risquer de perdre mon indépendance,
J'ai découvert le premier de tes bienfaits : le bonheur.
Tendresse, il nous faut maintenant prendre le temps
Prendre le temps de se retrouver, de s'apprécier...
... et de se le dire.

Tanka

Le tanka est un poème construit en deux parties, la seconde venant conforter la première. Un tanka soucieux du respect des règles originelles doit ainsi marquer une légère pause entre les deux et ne traiter que d'un seul sujet à la fois. Il peut questionner mais ne donne aucune réponse.

Le tanka est basé sur l'observation, non sur la réflexion. Il doit être un ressenti sincère et vécu, non imaginé. La première partie est traditionnellement un tercet de 17 mores d'une structure 5-7-5 (devenu plus tard haïku) et la deuxième un distique de 14 mores de structure 7-7.
La première montre une image naturelle, tandis que la seconde peut éventuellement exprimer des sentiments humains ressentis, liés au sujet précédent, sans que cela soit une règle absolue.
L'apparente simplicité des thèmes observés donne au tanka toute sa légèreté et son caractère universel. Contrairement au haiku, le tanka est une forme chantée.

(Wikipédia)

Indécision

Sièges occupés
Un cul entre les deux chaises
Envie de s'asseoir

Fatales indécisions
Partie de jambes en l'air

Comment le prendre ?

Plage ou bien montagne
sable fin ou randonnée
Le pied de l'été !

Prisonnier dans godillots
ou en éventail et libre ?

Randonnée sauvage

Pour tout randonneur
peu soucieux de la montagne
sanction immédiate !

Éboulis ou avalanche
Victoire de la nature !

Valse des cerises

Enfin nos jardins
de ces beaux fruits décorés
Valse des cerises

éphémères mais charnues
savoureuses garnitures.

Ne dors pas marmotte

Écureuil terrestre
en altitude et versants
La marmotte siffle !

Pour tout danger en montagne
Quelle solidarité !

Magie de l'été

Elle est face à moi
Aux regards, courbes offertes
Sublime et fragile...

Vagues s'apaisant, domptées
Tant de beauté exhibée !

La fin de l'été

La mer se déchaîne
Agitée par la colère
D'un vent dépité.

Larmes d'un ciel attristé
L'horizon n'existe plus !

Retour au bureau

Photos si plaisantes
vidéos surtout marrantes...
Cœur douloureux !

Souvenirs d'été en boucle.
Économiseur d'écran !

Adieu cerises

Déjà nos jardins
de ces beaux fruits déparés
Adieu aux cerises !

Bien charnues mais éphémères
savoureuses disparues.

Inséparables

Rameaux frémissants
Vent sifflant dans la futaie
Les arbres murmurent !

Complices toute leur vie
Cœurs gravés par les amants

Magma vert

Une mer houleuse
Les vagues figées de jade
Chaîne de volcans

L'horizon a disparu
Masqué par ce serpent vert

Gag !

Vélo en forêt
Un oubli de soixante ans
avalé par l'arbre.

Vengeance de la nature
La forêt reprend ses droits !

Veuve

Son regard vous suit
Cet insecte fascinant
Mante religieuse

Petits plaisirs de la chair
Cannibalisme garanti !

Haïku

Le haïku tire son origine du tanka de 31 mores composé d'un hokku de 17 mores et un verset de 14 mores. Bashō Matsuo isola les modules et ne conserva que celui de 17 mores, Contrairement au tanka, le haïku n'est pas chanté.

Il s'agit d'un petit poème extrêmement bref visant à dire et célébrer l'évanescence des choses.

Ce poème comporte traditionnellement 17 mores en trois segments 5-7-5

Les haïkus ne sont connus en Occident que depuis le tout début du XXe siècle. Les écrivains occidentaux ont alors tenté de s'inspirer de cette forme de poésie brève.

(Wikipédia)

Couleurs de l'été

Plage surpeuplée
Draps et nattes alignés
Patchwork de l'été

Douleurs estivales

Amours éphémères
Pleurs, adresses échangées
La fin de l'été !

Nuits d'été

Révélés la nuit
En mon âme somnolente
Les parfums du jour !

Attentes estivales

Forte pollution
Files ininterrompues
Bouchons de l'été

Le pied de l'été

En éventail, libre
Prisonnier dans godillots
Mais comment le prendre ?

Choix estival

Tout nu, bikini
Monokini simplement
Tissu de l'été !

Cauchemars d'été.

Moral à l'envers
Parasol et cœur en berne
Finies les vacances !

Engourdissement

Engourdissement
de tout mon être endormi
ta bise furtive

Solstice d'été

Le mois de Junon
épouse de Jupiter
bien-être des femmes!

Ensemble et différents !

Oui tous différents
pour vaincre nos différends
maudite consonne !

Défis

Sonnets

Au cœur du génie

Le génie serait là, à ma disposition,
Enfermé dans mon cœur, confiné dans mon être.
Gardant mes émotions, les muselant peut-être ?
Sans comprendre cela, finie l'inspiration ?

Lâcher cette pression, nous rendrait-il meilleur ?
Belles œuvres d'amour ou de mélancolie,
Engagée pour toujours, souffrance, agonie.
Poésie, l'expression d'un grand "moi intérieur" !

Enfin ouvrir mon cœur et que plus rien ne cache
Toute cette noirceur avant que je me lâche.
Le poète écrit-il pour lui ou pour les autres ?

Adoptons cet adage, cette saine pensée.
Le cœur est paraît-il le creuset où l'apôtre
Délivre son message, sa parole sensée !

En réponse au défi...

<u>À vos citations !</u>
Je vous propose un petit défi plutôt simple : il s'agit de s'inspirer d'une citation, célèbre ou non, et de l'utiliser comme inspiration afin d'écrire un texte (poésie, nouvelle,...) qui comportera cette citation. Elle peut venir d'un artiste, d'un politicien, bref de ce que vous voulez !

Amusez-vous, et n'oubliez pas de préciser votre citation !

(Inspiré par la citation "Ah ! Frappe-toi le cœur , c'est là qu'est le génie." d'Alfred de Musset, issue de "Premières Poésies")

Cheval de bois

Super cheval de bois, la gloire tout le temps !
En bois, il fut construit, ce jouet à bascule,
Ne faisant pas de bruit jamais il ne bouscule
Les us dont il renaît irrémédiablement.

Géniale oscillation régalant les enfants !
Chevauchant sa monture, un cavalier se berce
Distillant son murmure, en douceur, il traverse
Cuisine, séjour, salon, à dos de son pur-sang !

Harnachement de cuir ou en couche-culotte
Hors de question de fuir, arrête quand ça cocotte !
Super cheval de rois qui fait notre bonheur.

Désormais remplacé par des trucs en plastique
Abandonnant le bois, peint de vives couleurs
Son souvenir gravé restera magnifique !

En réponse au défi...

<u>Un objet banal</u>
Écrivez un court texte où vous vous intéressez à un objet banal, a priori sans importance.
Vous essaierez de le rendre attrayant par vos mots, sans rien inventer, alors que l'opinion générale dit tout le contraire.

En charentaises au coin du feu

Rentrez tous vos objets ou autres pacotilles.
La seule méritant cet honneur : la pantoufle !
Ce chausson émérite vous servait de moufle
Au pied vous les mettiez comme des espadrilles.

Le feutre a sa douceur, c'est une chose sûre,
Il fut utilisé pour vous mettre à votre aise.
Quand en France fabriquée, elle fut charentaise,
Le besoin de chaleur choisit notre chaussure !

Douillette, fantaisie, pantoufle de Mémère.
Léger, molletonné, charentaise à Pépère.
Savate et maintenant, crocs et toute la bande...

Mule et babouche en lice ornées de perles d'ambre
Seront toujours perdants face à cette légende :
Pérenne complice de la robe de chambre !

En réponse au défi...

<u>Les objets du quotidien</u>
Tant d'objets méprisés voire dévalorisés tel que la casserole, la pièce de monnaie ou bien une paire de botte. Je vous propose de revaloriser un objet du quotidien de votre choix dans un langage poétique et idyllique en 10 vers minimum. Vous pouvez faire des rimes et décompter les syllabes selon votre guise.

En sortir

Fuir ce labyrinthe, vaine interrogation.
Folle continuité : tout est à l'identique !
Impossibilité de suivre un fil unique.
L'obsession m'esquinte ; toujours tourner en rond...

Mon cerveau envahi par ces rhizomes fous
Toujours renouvelés sans aucune logique !
Impuissance avérée dans ce lieu hermétique.
Hypothèses trahies par ces hasards si fous.

Lieu de conjectures où même le fil d'Ariane,
Sans autres mesures, s'y perdrait ma chère Anne !
D'impasse en désespoir, je laisse glisser ma main

Le long de ces murs froids, pour retrouver ma route.
Je caresse l'espoir de découvrir demain
La sortie de ce poids ; l'issue que je redoute !

En réponse au défi...

<u>Sortir du labyrinthe</u>
Selon l'Oulipo, un auteur oulipien est « un rat qui construit lui-même le labyrinthe dont il se propose de sortir ». Pour ce dernier défi des JeuxParaOulipiques de Scribay, il est donc grand temps de trouver la sortie ! Vous devez donc écrire une histoire de labyrinthe dont les mots constituent l'une des raisons d'être et dont les mots doivent permettre, à vous ou à vos personnages, de trouver la sortie. Quel sera votre labyrinthe ? Parviendrez-vous à vous en échapper ?

Réponse attendue : une histoire, un texte sans contrainte particulière de forme ou de longueur, où il doit être question d'être bloqué dans un labyrinthe, conceptuel ou réel, en lien avec les mots, le langage, les lettres et dont il faut trouver la sortie... et qui ne doit pas utiliser la phrase : « Sésame, ouvre-toi »

Être conjugué ou ne pas l'être ?

Pour quel délit commis une telle exclusion ?
Ces verbes conjugués pour être dans un mode
Sûrement mal jugés tout en ayant leur code
Gros espoir d'être admis dans la conjugaison !

Le mode participe ou même infinitif ;
Deux enfants mal aimés au sein d'une famille.
Leurs temps abandonnés également en vrille.
Ignorés par principe, aveu définitif !

Une révolution dans la langue française.
Tous modes pour l'action, sans mettre mal à l'aise
Quelconques opposants, enfin les accepter !

Bravo pour ce défi capable de reconnaître
Passé ou bien présent des modes réconciliés.
Finis tous ces dénis, accepter pour renaître !

En réponse au défi...

<u>Sans verbes</u>
Bonjour Je viens de terminer un roman sans verbes conjugués. Et oui, c'est possible ! C'est une démarche intéressante et je vous propose de me suivre dans cette aventure hors du commun.
Pour plus de précisions, vous pouvez vous référer à mon texte publié Le Mâle Effet.
Je vous souhaite un excellent moment d'écriture.

Éveil poétique

Ce langage du cœur ne se cultive pas.
Là où le désir crie son amour, son envie
Sa douleur qu'il décrie, la poésie prend vie.
Joie et tristesse en chœur la nourrissent déjà !

Partir la retrouver, le chemin sera long,
Elle doit s'épanouir, s'animer de patience.
Pour bien l'entretenir, point besoin de la science,
Sans se hâter, sentir la bonne inspiration !

Rêverie malhabile, artiste dans sa bulle...
Les bruits de la ville inondent la cellule
Attisant la douleur du poète en prison !

La rage, le désespoir, l'émotion silencieuse
Éliront cette fleur, élixir ou poison,
Edelweiss de l'espoir, si rare et si précieuse !

En réponse au défi...

À vos citations !

Je vous propose un petit défi plutôt simple : il s'agit de s'inspirer d'une citation, célèbre ou non, et de l'utiliser comme inspiration afin d'écrire un texte (poésie, nouvelle,...) qui comportera cette citation. Elle peut venir d'un artiste, d'un politicien, bref de ce que vous voulez !

Citation du défi: *"La poésie est une plante libre ; elle croit là où on ne la sème pas. Le poète n'est pas autre chose que le botaniste patient qui gravit les montagnes pour aller la cueillir." - Gustave Flaubert)*

Il reviendra, c'est promis !

Noël nous distille son souffle vivifiant
Oui, sa joie arbore tout ce qui nous rassemble
Et cette année encore on dîne tous ensemble
La magie subtile illumine l'instant.

À nos enfants présents il révèle l'amour
Vivant à cent à l'heure avec l'esprit en fête
En musique, il nous met cette douceur en tête
Cadeaux comme présents se découvrent ce jour

Telle la friandise qu'on déguste en famille
Où malgré la crise sa belle étoile brille
Il est bon de le voir comme un ange passer

On scrute l'avenir retenant notre envie
Un magnifique espoir sans jamais se lasser
Il lui faut revenir enchanter notre vie

En réponse au défi...

ACROSTICHE DE NOËL

J'adore les acrostiches, vous l'avez constaté. Je vous propose aujourd'hui d'en écrire un sur le thème de Noël. À vos plumes !

Pour ceux et celles qui l'auraient oubliée, voici une définition de l'acrostiche :

Un acrostiche, du grec akrostikhos (akros, haut, élevé et stikhos, le vers), est un poème (une strophe ou une série de strophes) fondé sur une forme poétique consistant en ce que, lues verticalement de haut en bas, les premières lettres composent un mot ou une expression en lien avec le poème. (d'après Wikipédia)

Le rap en cuisine

Elle m'est très utile, pour gratiner les plats !
Vraiment, la plus pratique en étant toute plate.
Rien n'est automatique, on doit frotter la pâte,
Bien tenir l'ustensile en restant bien à plat !

Le second modèle qui n'est pas un rouet,
Sans cesse, vous devrez tourner la manivelle !
L'Emmental à râper remplira la gamelle.
Oui, la vie est belle, faut bien vous l'avouer !

L'orgue de barbarie, ce moulin à fromage,
Sa mélodie varie, rapper est un partage !
Chez nous pas de robot, ils sont bien trop bruyants

Ces machins en plastique qu'on se croit à l'usine !
En rentrant du boulot, on est alors contents.
On chante en musique, du rap dans la cuisine !

En réponse au défi...

<u>Les objets du quotidien</u>
Tant d'objets méprisés voire dévalorisés tel que la casserole, la pièce de monnaie ou bien une paire de botte. Je vous propose de revaloriser un objet du quotidien de votre choix dans un langage poétique et idyllique en 10 vers minimum. Vous pouvez faire des rimes et décompter les syllabes selon votre guise.

Le temps file !

Avec le temps, on s'enrichit
D'événements qui vont trop vite,
De contretemps donnant le gîte,
Résolument non affranchis.

L'épée du temps de Damoclès
Trop de désirs, vous le rappelle
Pour les plaisirs, déjà vous hèle
À tous moments, vous êtes en laisse !

Vieillir trop vite, une hantise,
Partir évite une méprise
Ne pouvant pas freiner le temps.

Et tous les jours, se le redire,
Prendre le pas sur l'instant.
Vive toujours, plaisant sourire !

En réponse au défi...

<u>Avec le temps...</u>
Vous connaissez sans doute la chanson "Avec le temps" de l'illustre auteur compositeur : Léo Ferré.

http://www.avecletemps.org/

Je vous propose de commencer votre écrit, poème ou autre, par ces trois mots :

Avec le temps...

À quoi ça rime ?

Le décalage est quoi sinon une attention
Qui consent de lire dans notre imaginaire,
Qui ose le dire dansant sur l'ordinaire.
Le rayonnement de soi, si belle observation !

Quelle normalité faudrait-il adopter ?
La folie tant rebelle un rejet à combattre.
La démence réelle un sujet à débattre.
Quelle moralité faut-il donc en tirer ?

Pour qu'elle soit conforme et élue poésie
Pour allier fond et forme et être ainsi choisie
Les carcans pour grandir, entrave et gravité

Hors des sentiers battus, les chemins de traverse,
Les prendre à l'avenir en toute liberté.
Hors de nous les statuts, les plaisirs à l'inverse !

En réponse au défi...

Les poètes déjantés
Beaucoup de défis poétiques se lancent sur Scribay ces jours-ci, chacun nous proposant des règles particulières à respecter.

Et on essayait de jouer avec ces règles ?

Je vous propose de faire un poème original aussi bien dans le sens que dans la forme.
Laissez-vous porter par votre folie intérieure pour créer un poème qui sortirait des sentiers battus, soit en brisant les codes préétablis, soit en en créant de nouveaux aussi étonnants qu'intéressants !

Certains des derniers défis sortis sont de très bons exemples (rîmes à l'envers, ou olirimes).

Souffle de vie

La douleur excessive altère la confiance.
Cette onde négative attise sa méfiance.
Repartir à zéro ; rien n'est plus comme avant !

Rompre ou se résigner, périodes d'une vie

Où tout bon numéro devient extravagant.
Trop longtemps étourdi par l'énorme insouciance,
Tout noble ressenti se traduit par défiance.
Nul besoin d'enduro pour être enfin devant !

Rompre ou se résigner, périodes d'une vie

Où découvrir enfin le fil de sa vraie vie,
Afin d'éconduire cette fatalité,
Ce martyre malin "se sentir en survie"
Attire du chagrin, muselle toute envie
D'exister pour écrire avec lucidité.

En réponse au défi...

<u>Sonnet irrationnel</u>
Un Sonnet irrationnel est un poème à forme fixe, de quatorze vers, dont la structure s'appuie sur le nombre pi (d'où l'adjectif irrationnel). Il est divisé en cinq strophes successivement et respectivement composées de : 3 – 1 – 4 – 1 – 5 vers, nombres qui sont, dans l'ordre, les cinq premiers chiffres significatifs de pi.

(Le suivant est un 9 ; c'est pourquoi on donne habituellement, comme valeur de pi, 3,1416, qui est la meilleure approximation de 3,14159).

Les deux strophes à vers unique (strophe II ou vers 4, et strophe IV ou vers 9) se comportent comme une façon de refrain.

Le poème est bâti sur quatre rimes A,B,C,D. Les rimes A et C sont de même sexe, et de sexe opposé à B et D. Il faut 4A, 3B, 4C (pour cinq vers) et 2D.
1. A +
2 A +
3 B –
4 C+
5 B –
6 A +

7 A +
8 B –
9 C + (identique à 4)
10 C +

11 D –
12 C +
13 C +
14 D

Cette structure a été mise au point par l'oulipien Jacques Bens

Pour plus de détails, consultez le fil de la communauté : "Les alexandrinophiles"

Dans ce défi, seule la forme est imposée. Les vers doivent respecter les règles de la métrique, mais l'auteur peut adopter le nombre de syllabes de son choix.

Poésie libre

Dans ma palette

Dans ma palette, j'ai pris du bleu
Le bleu, ma couleur préférée
Celle du ciel quand il faisait beau !

Dans ma palette, j'ai pris du jaune
Le jaune, une couleur affolante
Celle du blé sur lequel tu t'es allongée !

Dans ma palette, j'ai pris du rouge
Le rouge, sa couleur méritée
Celle de son nez, ce jour d'orage !

Dans ma palette, j'ai pris du noir
Le noir, sa couleur infligée
Celle de son œil, le lendemain de l'orage !

Dans ma palette, j'ai pris du mauve
Le mauve, une couleur toute moche
Celle de sa voiture quand tu es partie !

Dans ma palette, j'ai pris du blanc
Le blanc, la couleur du renouvellement
Celle de ma page que je vais redessiner

Mais dans ma palette, reste plus que du gris
Le gris, la couleur du regret
Celle de mon être maintenant que tu n'es plus là !

En réponse au défi...

Colors

Je vous propose d'écrire une histoire en mettant en avant les couleurs. Peut importe la forme, mais il faut qu'il y ait une histoire racontée (ne pas juste parler des couleurs, ces dernières doivent servir le récit
À part ça, rien d'imposé !

Défi en tête-à-queue

La facilité dans l'absurde ;
La facette de ce poème
Est à découvrir à la fin.
Étape fleurie du défi !
Encre perdue me direz-vous.
Ancre jetée, je vous assure !

Quand j'arrête un p'tit moment,
Camping ou bien caravaning,
Comptez sur moi pour inspecter.
Qu'on se le dise, je préviens :
Fausse vision de ma personne,
Fosse commune pour l'auteur !

Mon amour s'est envolé...
M'ont-ils prévenu de son départ ?
Non jamais, je vous le dis, donc :
Nom, prénom, date de naissance !
Que faisiez-vous jeudi dernier ?
Queue, papier, montre sur la table !

Désolé mais ce n'est pas vous !
Déçue votre compagne ! Non ?
Guigne, vraiment, je vous comprends !
Guichet : "Réclamations parents" ?
Écriteaux au fond du couloir :
"Patientez !" , "Tête de la queue""

En réponse au défi...

<u>Les rimes à l'envers.</u>

Les rimes à l'envers. Un défi à tous les poètes. On met toujours la rime à la fin. C'est lassant. Pourquoi ne pas la mettre au début ? Mais pas n'importe comment. Il faut que les vers soient à peu près réguliers (octosyllabes, décasyllabes, alexandrins …). La « rime » est sur la première syllabe. Mais surtout pas de rime à la fin du vers !
C'est absurde ! Oui je sais.

À vous. Cet exercice vous tente ?
Allez-y, mais surtout rimez,
Au début de vos vers subtils.
Aujourd'hui on va faire du neuf.

L'Occultation

Nous boycottons ta disparition.
Toujours là mais jamais au masculin.
Ton implication dans l'opposition sans fin
T'a valu la "nana distinction" !

Surtout dans la conjugaison
Car jamais tu donnas ton accord.
Nom ou pronom, tu insistais à tort.
Tu n'aimais surtout pas la confusion !

Caduc, tu vis alors la frustration
Tribulation, contrition, chagrin
Tu survis un court instant malin
La figuration mais pas la prononciation !

Dans ton trou ? Plus fort, tu sortiras
Car ton omission, ton oubli
Accoucha d'un chaos, d'un fouillis
Plus jamais ça ! Stop aux charabias.

En réponse au défi...

Lipogramme
Dans le style George Perec, écrire un texte en n'utilisant pas la lettre e.

La colère, un péché ?

Outrage ! Amertume ! Sordide anomalie !
N'ai-je donc tant écrit que pour être ainsi sali ?
Et ne suis-je établi en défis littéraires
Que pour voir fondre mes qualités légendaires ?

Jamais la gourmandise, Monsieur, sera mienne,
Mon bras, qui tant de fois a fui l'assiette pleine,
L'avarice reprochée est du même acabit
Elle trahit la querelle et souille mon habit ?

Cette cruelle envie que vous me reprochez
Fut, vous le savez, de vouloir vous embrocher
Nouvelle dignité fatale la paresse ?
Mon honneur est terni par si grande bassesse!

Faut-il de votre éclat voir triompher l'orgueil ?
Céder à la vengeance et rencontrer l'écueil ?
Luxure tant à craindre, pour vous une offense,
Vous n'osez en parler, censure est la défense !
Ce haut rang n'admet point un homme sans honneur ;

Le seul péché décent pour libérer mon cœur
Serait la colère, ce glorieux instrument
Mais d'un texte orphelin, inutile ornement !
Va, quitte désormais cette famille infâme
Tu n'es point un vice, puisque pourvu d'une âme !

En réponse au défi...

L'éloge d'un péché

Je vous propose de faire l'éloge d'un pêché, parmi les suivants : La gourmandise, l'envie, la colère, l'avarice, la paresse et l'orgueil. La forme est libre.

Monsieur le Directeur

Dans votre entreprise depuis six ans,
Une ascension fulgurante grâce à votre sollicitude.
Le poste d'assistante se libérant,
D'où cette demande de promotion.

Je saurai satisfaire toutes les épreuves
Qui se dresseront avec vigueur devant moi
Comme je l'ai toujours fait dans le passé.
Ventes de canapés insuffisantes ?
Une "promotion canapé" est envisagée.
Je m'y engage comme à l'accoutumée !

De cinq à sept, les heures supplémentaires ?
Non rémunérées officiellement,
Le dessous de table, aucun problème,
Tout dépendra de l'ampleur de la tâche !

Mon CV avec une mise à jour récente ;
Celle de mes nouvelles mensurations !

Bien à vous, Monsieur le Directeur.

         Monica L

En réponse au défi...

Message érotique crypté
Vous vous souvenez de ces lettres de George Sand à Musset (certaines sont fausses) dans lesquelles, pour s'avouer leur désir de coucher ensemble, ils dissimulaient le message dans des poèmes d'allure plutôt académique ? Personnellement, ce genre de procédé m'a toujours fait hurler de rire.
Voici le défi : avouez votre désir, à qui vous voudrez, comme vous voudrez, et cachez-moi ce message que je ne saurais voir à l'intérieur d'un petit poème bien innocent... Je vous laisse le choix du procédé de dissimulation ; mais ne le mettez pas trop en avant. Le plaisir de la lecture se trouve aussi dans celui du déchiffrage, qui est une sorte de jeu.

Passe ton chemin !

Tu es un phénomène bien ordinaire
Et pourtant, nul ne s'y habitue !
Chacune des tes manifestations étonne ou scandalise
Ce n'est pourtant pas ta première apparition !

Nous réussissons à vivre, à aimer,
À agir et à construire
Malgré ta menace quasi quotidienne
Serions-nous héroïques ou inconscients ?

Dès notre venue au monde,
Un événement si heureux,
Un jour, tu en feras un si douloureux
Comme si le bonheur te dérangeait !

Tu es le paradoxe des paradoxes.
Tu es notre destin mais aussi notre trépas…
La principale cause de mortalité dans le monde
Est la maladie de cœur. Le fais-tu exprès ?

Quelquefois, tu te fais attendre !
Le malade se laisse alors dépérir
Refoulant en lui tout désir.
Où est donc ton plaisir ?
Quand une personne proche s'en va,
Son entourage se sent alors coupable.
Ta plus belle œuvre, est-ce bien...
... quand on ne te voit pas venir ?

En réponse au défi...

<u>La mort</u>
Je propose mon premier défi sur scribay.
Voici les consignes!
Vous devez dire à la mort ce que vous pensez d'elle (en considérant qu'elle est en face de vous, et donc en utilisant "tu").
Écrivez un poème, un simple texte, une courte pièce de théâtre... ce que vous voulez!
À vos claviers!

Tu es un rêve!

Je te regarde, je t'admire, tu es belle. Je suis réveillé mais toi, tu dors encore... Tu te retournes et là, je fonds...
Sans ouvrir les yeux, tu souris. Un bonheur ! Suis-je avec toi en ce moment ? Est-ce à moi qu'est destiné ce sourire ? Tu as compris et tu entrouvres les yeux ! La douce lumière que j'ai allumée ne semble pas t'importuner. Elle met tes formes en valeur. Tu es sublime ! Tu tends la main vers la mienne. Ça me rassure et tu le sais. Je m'allonge à tes côtés. Ton doux parfum du matin m'enivre. Il est pourtant si léger. Je ferme les yeux et je m'assoupis. Ta respiration me berce. Je sens que tu te redresses pour prendre sensiblement la même position, quand je te savourais du regard. Je ressens le tien... Les rôles sont inversés. Un bien-être m'envahit, je dois rêver.
Je ne sens plus ta main dans la mienne. J'ouvre les yeux, les rideaux ont été ouverts découvrant un tableau, là sous mes yeux. Une sérénité règne face à ce mirage ! Ai-je vraiment rêvé ? Je me redresse subitement !
Tu es là, assise, une tasse à la main. Tu tournes la tête vers moi et me souris. L'odeur du café frais vient m'apporter la preuve que ce doux rêve est une belle réalité !

En réponse au défi...

Inspiration musicale

Sur le concept de musimots.wordpress.com, je vous propose d'écrire ce que vous inspire une musique (choisie à peu près aléatoirement).

Voici le lien de la vidéo :
https://www.youtube.com/watch?v=kVjSyBthXMc

Les règles sont simples: vous avez toute la durée de la vidéo pour laisser parler votre inspiration, peu importe que votre récit soit construit ou logique.

Ainsi nous pourrons comparer les émotions et l'inspiration que la musique nous procure :).

Ritournelle

Pour la joie de tous nos enfants
Ces manèges hauts en couleurs
Inlassables tournent encore
Distillant de belles images
Magnifiques sont les musiques
Qui éveillent leurs émotions

On les ressent ces émotions
À chaque rire des enfants
Allez, vibrez belles musiques
Pour ce petit monde en couleurs
Distribuez-leur des images
Ils en veulent sans cesse encore

Jamais assez toujours encore
Faire le plein en émotions
Sont sages comme des images
Et heureux nos petits enfants
Quand la fête toute en couleurs
De leurs jouets sort les musiques

Virez, valsez jolies musiques
Pour que ce bonheur dure encore
Allumez toutes ces couleurs
Pour éclairer leurs émotions
Sur la planète des enfants
Pas de monnaie mais des images

Elles sont gratuites ces images,
Imprégnez-vous de leurs musiques
Ils sont heureux nos p'tits enfants
Dégustant une glace encore
Au parfum de leurs émotions
Éblouis par tant de couleurs

Des pirouettes de couleurs
Qui se transforment en images
Pyramide des émotions
Troublant tourbillon de musiques
Ta mélodie prolonge encore
Le merveilleux chez nos enfants

Que les couleurs des émotions
Les images chez nos enfants
Créent encore plein de musiques

En réponse au défi...

Sextine

Un défi un peu technique pour les amateurs de poésie : la sextine.
Le principe est simple, mais un peu complexe à expliquer : choisissez six mots, qui se placent chacun à leur tour à la fin des vers de six sizains, en se succédant selon un ordre de permutation ordre 6, puis se retrouvent dans l'envoi final, un tercet, au sein même des vers.

Concrètement, la structure globale doit présenter des strophes dont les mots en fin de vers, toujours les mêmes, respectent l'ordre suivant :
1 2 3 4 5 6
6 1 5 2 4 3
3 6 4 1 2 5
5 3 2 6 1 4
4 5 1 3 6 2
2 4 6 5 3 1

Et pour la fin, mêlez simplement deux mots dans chaque vers pour retrouver les six dans un tercet, par exemple :
2-6 / 1-4 / 3-5
Le résultat est une litanie obsédante et musicale. Il n'y a pas de restriction quant à la métrique des vers que vous utilisez, faites-vous plaisir !

Indifférence

Mais où es-tu passée divine compassion ?
Comment ne pas te remettre en question, douter,
Quand muet, tu les vois, frêles embarcations,

Dans la désolation, injustement sombrer
Dis-moi comment peut-on vivre encore en souffrant ?
Alors pourquoi ? Voyons ! Comment peux-tu laisser

Sans pitié, sans amour, mourir ces braves gens ?
Mais réveille-toi donc, mais pourquoi tu te tais
Abandonnant ainsi, sans regret tes enfants ?

Sont-ils coupables d'imaginaires méfaits ?
Dure est leur punition, mais quel est ton avis ?
Car l'indifférence les condamne à jamais.

Fuir cette misère par instinct de survie
C'est une famille, des enfants à sauver !
Pourquoi alors leur avoir apporté la vie ?

Seront-ils pour toujours condamnés à errer ?
Bien que ces mouvements construisent notre histoire,
Migrer ne rime pas avec félicité !

Voyager, se mêler, l'admettre est un devoir.
Réagis vraiment avant qu'il ne soit trop tard !
La réponse ne surgira pas d'un grimoire.

Interviens pour que chacun ait enfin sa part.
La différence est la richesse à partager !
Sur chacun, il nous faut changer notre regard !

Cette nonchalance, ce n'est pas ton portrait.
Pourquoi ce désintérêt ? Quelle en est la cause ?
Ressaisis-toi ! Ne t'habitue pas au retrait !

Si par bonheur pour eux, un jour alors tu oses
Les écouter enfin, réveille-toi, vas-y !
Tu le peux ? Tu le veux ? Allez, appuie sur pause !

En réponse au défi...

TIERCE RIME (à la manière de Dante...)

Bon, je vous dis tout! Quand la mode était aux japonaises moi je rêvais des italiennes - les motos.
Là il ne s'agit pas de Moto-Guzzi mais de la TIERCE RIME utilisée par Dante Alighieri dans "La Divine Comédie", et qu'une nouvelle traduction remet à l'honneur.

**pour en savoir plus => http://www.humanite.fr/dante-est-le-forgeron-de-la-langue-italienne-613639

Adeptes ou non de haïkus et tankas, je vous propose d'essayer ce rythme italien:
- strophe de 3 vers
- rime centrale de la strophe (n) rime avec le 1er et 3ème vers de la suivante (n+1):
aba / bcb / cdc / ded / efe / fgf / ghg …. et ainsi de suite.

Les quelques contraintes supplémentaires, tout en ne demandant pas un "remake" de Dante, seraient:
- d'écrire un minimum de 10 strophes (30 vers) mais si possible pas plus de 100 – mais bien sûr les imaginations galopantes pourront si nécessaire déborder…
- d'utiliser un rythme de 7 syllabes au moins

Retard calculé

Le retard calculé serait ta façon d'être
Histoire de te faire ardemment désirer
Même quand on sort, tu n'as plus rien à te mettre
Je patiente le temps d'habiller la poupée

Pourquoi, à chaque départ dois-tu faire demi-tour ?
La dernière fois, plus de timbre pour ta lettre
Plus grave, le poulet oublié dans le four
Juste à temps, la fumée sortait par le fenêtre

Il est vrai que je pourrais en faire un peu plus
Au moins avec moi, le retard serait comblé
Je t'ai très souvent proposé ce petit plus
T'offrir une pendule, tu as refusé

J'essaie tout le temps de te rendre le service
Qui nous permettrait enfin à l'heure de l'être
Mais ce n'est pas possible, car toujours ce vice
Tu prônes l'idée de légèreté de l'être

C'est insupportable ! Je tiens à te le dire
Tes retards sont aussi les miens. J'en ai assez !
Jamais tu ne fais l'effort, là, je peux prédire
Un départ pressant pour tous tes retards passés

Je sais que je suis dur mais mettre tout à jour
Sera la meilleure chose à réaliser
Chef de gare, hantise du retard, on court
À la SNCF, notre spécialité
Le retard calculé

En réponse au défi...
<u>Rondeau</u>
Écrivez un rondeau.
Voici le lien Wikipédia pour connaître la construction d'un rondeau : https://fr.m.wikipedia.org/wiki/Rondeau_(po%C3%A9sie)

Au secours ! Os court !

Je m'engage dans ce défi laid
je mens, gage "danse des filets"
Sans savoir où je mets les pieds
Sens ? Sa voie rouge mêle épis est
Je suis le mouvement
J'essuie le mou vœu ment
La fumée commence à sortir
L'affût. Mais comment ça : sors, tir ?
Par les oreilles
Parlez eaux rayent
Mon épouse s'inquiète, vous
Monnaie, poux, seins, qui êtes-vous
Demandant de m'arrêter !
Deux mandants, deux marées, taie !

En réponse au défi...

<u>Poèmes olorimes.</u>
Le Graal poétique c'est sans doute l'holorime et d'ailleurs Lolo rime.
Voici une définition claire qui n'est pas mienne :

"Des vers holorimes ou olorimes sont des vers entièrement homophones ; c'est-à-dire que la rime est constituée par la totalité du vers, et non pas seulement par une ou plusieurs syllabes identiques à la fin des vers comme dans la rime « classique »."

https://fr.wikipedia.org/wiki/Vers_holorimes

Utopie de Rouget à la Marseillaise Sauce Oulipo

<u>Temps de préparation</u> : le couple par essence
<u>Temps de cuisson</u> : enfance et adolescence
<u>Difficulté imposée</u>: moyenne à difficile... je pense!

Ingrédients (pour quelques organisateurs de ce défi) :
- Un Rouget de Lisle authentique
- De tous les horizons, un recueil de musique
- Beaucoup d'amour et une bonne dose de plaisir à la fois
- Quelques fruits de notre travail, de nos douleurs et de nos joies
- Discussions, échanges, mélanges suivants les circonstances
- Opinions différentes partout autour de vous, en France
- Une belle vision optimiste de la vie
- Tout plein de sensations pardi !

Assaisonnement :
- Deux cuillers de douceur et trois de poésie
- Trois de compassion et de tolérance aussi
- une pincée de sel pour relever le goût
- un peu de poivre pour pimenter le tout

<u>Préparation de la recette</u> :
" Retirer les arêtes, elles sont nombreuses !

Égorger et déchirer : sont si dangereuses,
Tyrannie, sang *impur, vengeance et traîtrise*
Tout un arsenal pour un manque de maîtrise
Écouter ce poisson ainsi assagi, il chante,
Plus serein, il délivre un hymne qui enchante

Préchauffer l'ambiance de votre belle nation.
Les musiques choisies attirent votre attention.
Déposer le poisson sur un plat Art déco,
Rouget marseillais, sa couleur il porte haut

D'amour et de joie, le recouvrir d'un filet
Puis de tous ces parfums, enfin l'assaisonner.
Mettre à température dans ce monde futile
Celui des adultes, société infantile.
Laisser ces parfums d'ailleurs vous envahir mais
Pour vous rendre tendre et réceptif à souhait...

Pendant ce temps, dans toutes vos belles écoles,
Diffuser une sensibilisation folle
Favorisant les discussions et les échanges
Pour que soient enfin acceptés tous ces mélanges.
Différend ne rimant pas avec différent,
Rajouter quelques opinions évidemment

Elles se voudront aisément diverses et variées,
Les fruits et un souffle de vie pour avancer.
Assaisonner et mixer afin d'obtenir
Un mélange onctueux, pour être en devenir.

Incorporer alors douceur et poésie.
Verser cette sauce sur le poisson saisi.

Servir bien chaud et surtout ne pas hésiter
À partager vos sensations. À échanger ! "

<u>Mon secret</u> :
J'accompagne ce plat succulent d'une boisson
D'amitié à consommer sans modération !
Bon appétit !

En réponse au défi...

Saveurs poétiques

Vous apprenez que le représentant du Guide MichOulipien va venir se régaler dans vos pages cette semaine... Branle-bas de combat, il va falloir lui proposer quelque chose digne de ce nom ! Qu'allez-vous lui servir ? Cordon-d'encre-bleue, vous décidez de lui préparer votre meilleure recette de cuisine « oulipienne ». Mais cuisine « oulipienne » oblige, celle-ci ne fonctionne que lorsqu'elle est exprimée sous forme de poésie, sinon la sauce ne prend pas, c'est bien connu ! Sans que ce soit une obligation, vous pourrez faire précéder votre recette-poésie de la liste des ingrédients. À vos claviers, à vos fourneaux !

Réponse attendue : un texte de forme poétique, sans autre contrainte particulière, qui doit proposer une recette de cuisine oulipienne permettant de préparer un plat oulipo-gastronomique, éventuellement précédé de la liste des ingrédients utilisés.

Savoir t'oublier !

Le temps paraît parfois plus sombre que l'immense nuit
Quand je quitte ton corps, ce volcan en rage et en furie.
Ce délice donnant tant d'ombre et de lumière hier,
Te regarder et pleurer pour savoir t'oublier aujourd'hui!
Des lames de feu tuaient en moi à coups de pourquoi...
Notre histoire d'amour qui s'enfuit pour pouvoir danser,
Croyait rencontrer un domaine pour rire et pour chanter.
Trop d'heures ont vu ces malentendus souvent s'embraser.
Que de bonheur perdu pour nous, deux amants insensés !
Il pleut déjà au cœur de ce pays, mort de n'avoir pu s'écouter.
Comment sourire et parler avec ces vieux mots désuets ?
Ils épousent leurs perles du soir, et aiment tout ce qui flamboie
Jusqu'où faut-il aller pour voir rejaillir cette douce pluie ?
Peut-on devenir roi ou reine, après un ciel si noir à présent ?
Ta main vient couvrir la terre devenue si rouge de ce blé d'or.
Je t'offrirai ce chien qui sera le meilleur et plus fidèle ami.
Puis j'inventerai cet ancien mois d'avril, sans toi désormais...
Où tu ne seras plus, cette fois, l'espoir, le vœu que je ferai là.
Laisse-moi te dire, tu comprendras alors ce qu'est ma loi

Je te dirai, je te parlerai, je raconterai, je ne me cacherai pas
Je creuserai ces terres brûlées venues d'où je ne vais plus !
Ce paradis a un goût amer, celui de notre amour perdu...

« Ne me quitte pas » - Chanson de Jacques Brel

En réponse au défi...

<u>Lettre d'adieux</u>
Salut !! Je vous propose d'écrire une lettre d'adieu ! Pas très gaie (rire). Ça peut-être une lettre à un ami, d'une personne malade, un adieu dû à la distance. Mais attention, dans votre lettre, vous devez réussir à mettre les paroles d'une chanson d'amour de votre choix, et ça ne doit pas se voir ! À la fin, vous mettrez comme même les paroles, la chanson et l'auteur ou l'interprète. Par expt : "parole" "chanson" de un tel une telle. Ainsi, les lecteurs devrons trouver les paroles dans le texte, ça pourrait être amusant ! (Bien sur, vous pouvez prendre une chanson étrangère !)
À part ça, vous êtes libre de faire ce que vous voulez !

Les sixties

Années d'une période révolutionnaire.
Belle fut la vie, rayonnement renaissant
Contre tous ces préjugés désormais gisants.
Détour rénové aux contours spectaculaires !

Enfant, vous l'étiez bien moins longtemps, il parait
Filles, vous fréquentiez librement les garçons
Garçons, vous étiez mieux acceptés, sans façons
Homme - femme la différence s'amenuisait...

Il était urgent de lâcher la création :
Jupes courtes et shorts une entrée remarquée,
Kilt enfin détrôné car épingle enlevée
L'habillement fit sa belle révolution !

Mais aussi au cœur de cette actualité :
Notre Concorde hissait bien haut nos couleurs !
Oui, enfin, la télévision fut en couleurs !
Paquebot France relança notre fierté !

Quatre jeunes anglais chamboulaient la musique.
Rock and roll pour changer sur un rythme endiablé.
Slow, douceur partagée, l'idéal pour danser.
Twist à Saint Tropez swinguait avec fantastique !

Une décennie célèbre pour le cinéma.
Vidéos n'existant pas, films entre copains,
Westerns-spaghettis où résonnaient lointain
Xylophone, guimbardes et harmonica !

Yé-yé : de belles innovations, nous avions faim...
Zut !.. Générique défilant... Dernier mot ?.. Fin !

En réponse au défi...

Poème abécédaire

Je vous propose le défi suivant : Écrire un poème comportant autant de vers que le nombre de lettres de l'alphabet. Chaque vers devra commencer par une lettre de l'alphabet, dans l'ordre : a, b, c, d etc.
Vers rimés ou pas.
Mètre régulier ou pas.

Mascarade

Dans les familles, bien gardé est le secret
Toujours préserver l'honneur qu'on est censé perdre
Cette mascarade a un complice : le temps !

S'évertuer à intervenir juste à temps
Avant que soit divulgué ce foutu secret
Richesse à cacher, on a alors rien à perdre

Comme si ces foutaises que l'on ne veut pas perdre
Pouvaient procurer du bonheur de temps en temps
Tant de malheur contenu dans chaque secret !

En réponse au défi...

Terrine homophonique
La terrine homo-phonique est une contrainte d'écriture que je vous propose d'essayer je vois des commentaires qui font état des contraintes de l'écriture classique à s'imposer ou pas !

La terrine, on le sait bien, fait permuter trois mots-clés de la façon suivante : Première strophe Le premier vers se termine par le mot A, le second par le mot B, le troisième par le mot C. Deuxième strophe Le premier vers se termine par le mot C, le second par le mot A, le troisième par le mot B. Troisième strophe Le premier vers se termine par le mot B, le second par le mot C, le troisième par le mot A.

Fleur des neiges

Fabuleux Edelweiss, étoile des glaciers
que vous stockiez charmant, juste par voyeurisme
Honteux warrant justifiant la cueille abusive
dans la montagne que vous pourriez enkyster !
Votre break vide-poche égayez vos sorties
sans jeux avec Wifi, que vive la nature !
En hiver, bowling se méfie des avalanches
en été, au kayak, plus qu'aux jeux, vous tiendrez !

En réponse au défi...

<u>Pangrammes</u>
Écrivez un poème composé uniquement de pangrammes, si possible inventés. Un pangramme est une phrase qui contient toutes les lettres de l'alphabet et qui se veut la plus courte possible. Minimum : 4 vers ; maximum : le plus possible ! Rimes et métrique non imposés. À vos plumes, prêts, écrivez !

Coïncidence

Chemins empruntés par hasard
Ou instants choisis avec soin
Ils se croisent indifférents
Nous exposant à tout danger
Conjoncture bien malheureuse
Inculture ou stupidité
Dressant un tableau répugnant
En s'invitant au rendez-vous
Non, le bonheur peut être là !
Croisée meilleure des sentiers :
Être présent au bon moment !

En réponse au défi...

L'ACROSTICHE

Un acrostiche, du grec akrostikhos (akros, haut, élevé et stikhos, le vers), est un poème (une strophe ou une série de strophes) fondé sur une forme poétique consistant en ce que, lues verticalement de haut en bas, les premières lettres composent un mot ou une expression en lien avec le poème. (d'après Wikipédia)

Je vous propose d'écrire un acrostiche qui aura pour objet de raconter une "coïncidence" inévitable avec le mot "coïncidence" en acrostiche.

À vos plumes !

Ton premier mot

À celui qui ne croit en rien :
Choisis donc un monde meilleur.
Relève-toi brave lecteur,
Ose enfin te faire du bien !

Souviens-toi de ton premier mot
Tu n'avais aucune rancœur.
Il faisait si beau dans ton cœur
Car tu l'as écrit aussitôt !

"Haïr" tu ne connaissais pas
Et "aimer" dès tes premiers pas !

En réponse au défi...

<u>Achrostiche d'acrostiche.</u>
Vous savez tous ce que c'est : chaque première lettre d'un vers constitue la lettre d'un mot (ou d'une phrase) lorsque le poème est lu verticalement.

Le défi est d'écrire un acrostiche avec le mot acrostiche.

Toujours

Ici, je suis bien
Car me voir, tu viens
Ici, je suis tien
Gravée dans ma mémoire, tu es bien
Ici, je suis lien
Toute ma famille réunie, les miens !

En réponse au défi...

Votre épitaphe.
Qui n'a pas rêvé d'une belle épitaphe ?
Je vous propose donc d'écrire la vôtre, car on est jamais si bien servi que par soi-même.

Elle devra être écrite en vers réguliers (au minimum quatre vers), qui riment ou pas.

Remerciements

Comme je le reconnaissais dans mes ouvrages précédents, écrire est un acte individuel et très personnel pour le bien-être exclusif de l'auteur avant de devenir une démarche orientée vers les autres en le partageant.

Je commencerai toujours mes remerciements, quel que soit l'écrit que je publierai, en m'adressant à ma propre famille qui m'octroie cette disponibilité indispensable pour écrire, lire les autres et échanger par des commentaires toujours pertinents au sein de sites d'auteurs.

Un grand merci à Brigitte Villesuzanne qui a accepté d'écrire la préface de ce livre. Elle fait partie des fidèles lectrices/lecteurs qui, par leur présence de tous les moments, favorisent et stimulent l'envie de poursuivre.

Un merci spécial à tous ceux qui spontanément passe au crible mes textes à la recherche de la moindre coquille. Leur présence sur le site Scribay est une sécurité devenue indispensable. Leur assistance a fait probablement défaut dans mes premiers écrits.

Un soutien permet toujours d'avancer et donc de

progresser dans l'écriture.

Un merci aux membres de Short-Edition qui m'ont encouragé quand j'écrivais mes premières lignes. Si j'ai déserté ce site, j'y retourne régulièrement pour échanger quelques mots avec ceux qui m'ont tant aidé et que je n'ai pas oubliés.

Je ne citerai pas leur nom comme je l'ai fait dans mes publications précédentes, certain qu'ils se reconnaîtront.

Encore merci à Lucie Hallouin qui a accepté d'illustrer cet ouvrage avec quelques unes de ses nombreuses toiles. Ces touches de couleurs enrichissent ma palette de mots !

Sommaire

Préface 7
Sonnets
   1 Duel 11
   2 Passion 12
   3 Attente 13
   4 Oui, j'ai bien changé 14
   5 Injustice cruelle 15
   6 incompris 16
   7 Solitude 17
   8 Dur combat 18
   9 A ma fille 19
   10 Belle récompense 20
   11 Vous avez quatre heures 21
   12 Tendres moments 22
Poèmes libres
   13 Le feu deu ciel 25
   14 Eté 26
   15 Avoir été 27
   16 Portrait 28
Tankas
   17 Indécision 33
   18 Comment le prendre ? 33
   19 Randonnée sauvage 34
   20 Valse des cerises 34

21 Ne dors pas marmotte 35
22 Magie de l'été 35
23 La fin de l'été 36
24 Retour au bureau 36
25 Adieu cerises 37
26 Inséparables 37
27 Magma vert 38
28 Gag 38
29 Veuve 39

Haïkus

30 Couleurs de l'été 43
31 Douleurs estivales 43
32 Nuits d'été 43
33 Attentes estivales 44
34 Le pied de l'été 44
35 Choix estival 44
36 Cauchemars d'été 45
37 Engourdissements 45
38 Solstice d'été 45
39 Ensemble et différents 46

Défis relevés

Sonnets

40 Au cœur du génie 49
41 Cheval de bois 51
42 En charentaises au coin du feu 53
43 En sortir 55

44 Être conjugué ou ne pas l'être ?   57
45 Eveil poétique   59
46 Il reviendra, c'est promis !   61
47 Le rap en cuisine   63
48 Le temps file   65
50 A quoi ça rime ? - Forme de sonnet   67
51 Souffle de vie – Sonnet irrationnel   69

Poèmes libres

52 Dans ma palette   75
53 Défi en tête-à-queue   77
54 L'occultation   79
55 La colère, un péché ?   81
56 Monsieur le Directeur   83
57 Passe ton chemin   85
58 Tu es un rêve   87

Diverses formes poétiques

59 Ritouurnelle – La sixtine   89
60 Indifférence – Tierce rime   93
61 Retard calculé – Rondeau   97
62 Au secours ! Os court ! - Olorimes   99
63 Utopie de Rouget à la Marseillaise   101
64 Savoir t'oublier   105
65 Les sixties – Abécédaire   107
66 Mascarade – Terrine homophonique   109
67 Fleur des neiges – Pangrammes   111

68 Coïncidence + Acrostiche 113
69 Ton premier mot – Acrostiche 115
70 Toujours - Epitaphe 116
Remerciements 117

Éditeur :
BoD-Books on Demand,
12/14 rond point des Champs Élysées,
75008 Paris, France
Impression :
BoD-Books on Demand, Norderstedt, Allemagne
ISBN : 978-2-322-13212-6
Dépôt légal : décembre 2016